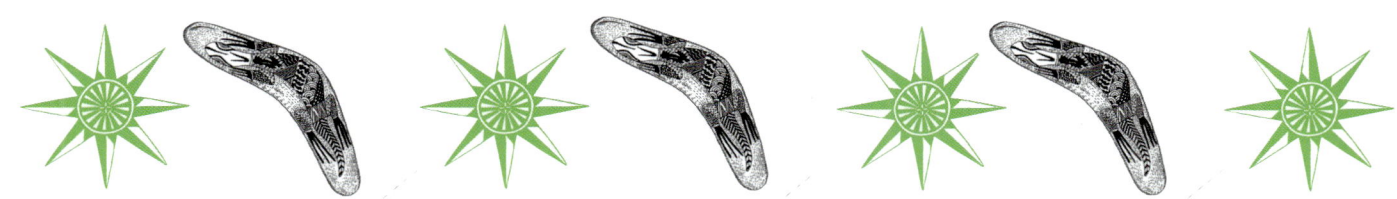

Stories of Great People
그레이트 피플

쿡 선장의 부메랑

글 게리 베일리·캐런 포스터
그림 레이턴 노이스·캐런 래드퍼드
옮김 김석희

밝은미래

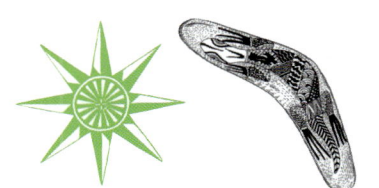

글
게리 베일리 캐나다에서 태어나 대학에서 역사학을 공부했으며, 중학교에서 학생들을 가르쳤습니다. 어린이를 위한 교양 도서를 주로 썼으며, 특히 역사와 과학에 관한 것이 많습니다. 지은 책으로 〈고대 문명〉〈동물들도 말을 한다〉〈365일 역사〉 등이 있습니다.
캐런 포스터 대학에서 임상심리학을 공부했습니다. 사람들이 당연하다고 여기는 것을 남달리 생각하기를 좋아합니다. 현재 포틀랜드에 살면서 미국 전역을 여행하는 걸 즐깁니다.

그림
레이턴 노이스 영국 캠버웰 칼리지에서 예술학을 전공하고, 이후 약 70권의 어린이 책에 그림을 그렸습니다. 날마다 더 나은 그림을 그리기 위해 항상 노력하는 일러스트레이터입니다.
캐런 래드퍼드 대학에서 일러스트레이션을 공부했습니다. 언제나 즐겁게 그림을 그리려고 노력하는 일러스트레이터입니다.

옮김
김석희 서울대학교 인문대 불문학과를 졸업하고 대학원 국문학과를 중퇴했으며, 1988년 한국일보 신춘문예에 소설이 당선되어 작가로 데뷔했습니다. 영어·프랑스어·일어를 넘나들면서 〈초원의 집〉 시리즈 〈모비 딕〉〈삼총사〉〈해저 2만 리〉〈로마인 이야기〉〈꽃들에게 희망을〉〈오즈의 마법사〉〈이상한 나라의 앨리스〉〈하룬과 이야기 바다〉 등 2백여 권을 번역했고, 역자 후기 모음집 〈번역가의 서재〉와 귀향살이 이야기를 엮은 〈이 또한 즐겁지 아니한가〉 등을 펴냈으며, 제1회 한국번역상 대상을 수상했습니다.

그레이트 피플 ⑲
쿡 선장의 부메랑

초판1쇄 발행 2013년 10월 30일 | **초판2쇄 발행** 2015년 8월 7일
펴낸이 도승철 | **펴낸곳** 밝은미래 | **등록** 2005년 5월 2일 (제105-14-87935호) | **주소** 서울시 마포구 서교동 395-126
전화 322-1612~3 | **팩스** 322-1085 | **홈페이지** http://www.bmirae.com
편집 송재우 고지숙 | **디자인** 문고은 | **마케팅** 박선정 | **경영지원** 강정희
표지 및 본문 디자인 뭉클
ISBN 978-89-6546-088-6 74990 | 978-89-6546-090-9(세트)

Copyright © 2010 Palm Publishing, LLC All rights reserved.
Korean Translation Copyright © 2012 by Minumin
Korean edition is published by arrangement through EYA.
이 책의 한국어 판 저작권은 (주) 민음인과 독점 계약한 밝은미래에 있습니다.
저작권법에 의해 한국 내에서 보호를 받는 저작물이므로 무단 전재 및 복제를 금합니다. 책값은 뒤표지에 있습니다.

사진 및 자료 : 원저작권사인 Palm Publishing사와의 협의 하에 생략합니다.

차례

러미지 만물상	10
쿡 선장	13
상선 선원	14
영국 해군	16
세 번의 항해	18
엔데버호	21
먼 바다	23
타히티 섬에서	25
폴리네시아 인들	26
마오리 족의 기술	29
새들의 나라	31
오스트레일리아 원주민	33
귀국길	35
북서 항로를 찾아라	36
잔인한 죽음	39
선원, 탐험가, 과학자	40
어휘 사전	찾아보기	41

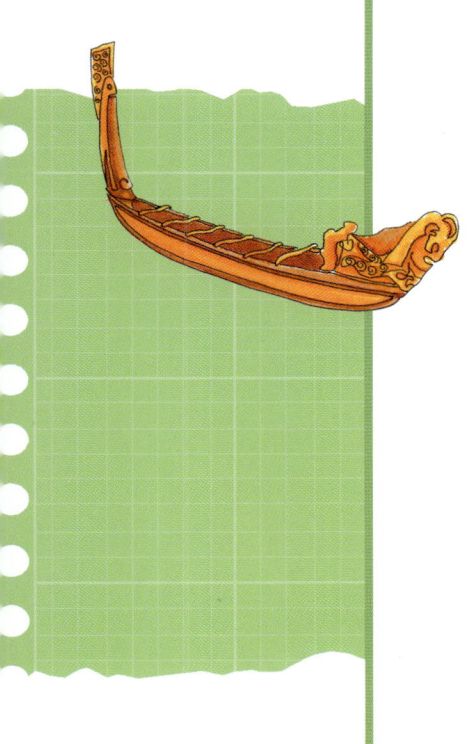

러미지 할아버지

골동품 가게 주인이다. 가게에는 저마다 재미난 사연이 얽혀 있는 물건들이 잔뜩 쌓여 있어 호기심을 자극한다.

디그비

보물 수집가 디그비는 토요일마다 러미지 할아버지의 골동품 가게에서 물건을 고르고, 새로 찾아낸 진기한 물건에 얽힌 사연을 듣는다.

한나

디그비의 누나로, 따지기를 좋아하는 열 살짜리 소녀. 러미지 할아버지가 하는 말은 한마디도 믿지 않는다.

풀록 아저씨

아저씨의 장난감 가게에는 꼭두각시 인형과 흔들 목마, 장난감 비행기, 목각 동물 인형 등이 가득하다. 모두 아저씨가 손수 만든 것들이다.

토요일 아침이면 벼룩시장은 와글와글 활기를 띤다. 장사꾼들은 해가 뜨기도 전에 벌써 자리를 잡는다. 사람들이 잠자리에서 일어날 때쯤이면 좌판이 차려지고, 상자가 열리고, 물건들이 꼼꼼하게 진열된다.

시장 곳곳에 물건들이 수북이 쌓여 있다. 벨벳 천 위에는 귀한 브로치와 보석이 박힌 단검이 있다. 그 뒤에는 유명한 인물들의 초상화가 그려진 커다란 액자, 반들반들한 천에 장식 술이 달린 등잔, 옛날식 세면대가 있다. 이 세면대에 물을 부으면 금이 간 틈새로 물이 뚝뚝 떨어진다. 온종일 상자 속에서 주인을 기다리는 물건들도 있다. 멋진 무공 훈장이 한 줄로 나란히 걸려 있고, 가죽끈 달린 회중시계가 째깍째깍 소리를 내며, 특별한 날 쓰는 은수저와 포크와 나이프가 반짝반짝 빛을 낸다.

하지만 러미지 할아버지의 가게는 뭔가 좀 다르다. 러미지 만물상에는 아무도 갖고 싶어할 것 같지 않은 온갖 이상한 물건들이 한가득 쌓여 있다.

배가 빵빵한 생쥐 인형을 누가 갖고 싶어할까? 세상에 부러진 주머니칼이나 틀니 한 쌍을 사려는 사람도 있을까? 그런데 러미지 할아버지는 이런 물건들을 모두 갖고 있다. 그리고 여러분도 이미 예상하고 있겠지만, 값도 별로 비싸지 않다!

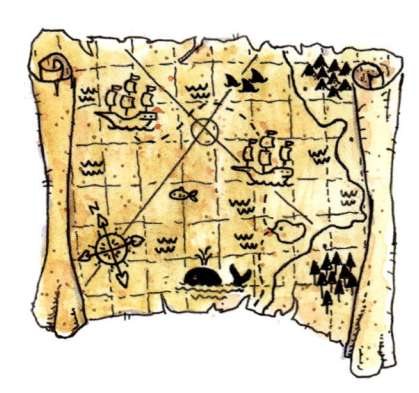

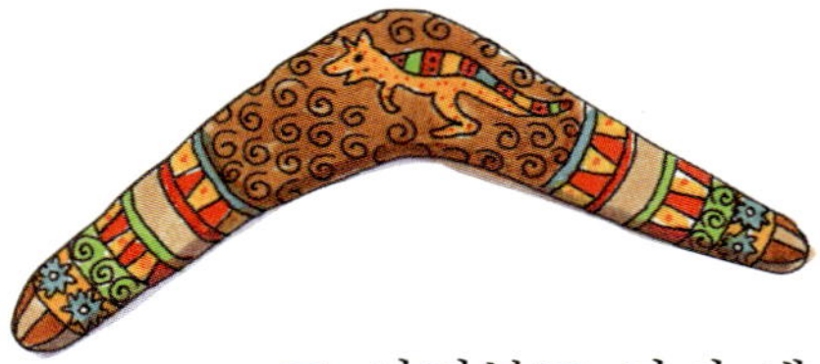

여덟 살짜리 골동품 수집가 디그비 플랫은 친하게 지내는 러미지 할아버지를 만나러 벼룩시장에 갔다. 토요일이었고, 일주일에 한 번씩 받는 용돈은 거의 바닥나서, 주머니에 구멍이 다 뚫릴 지경이었다.

하지만 디그비는 시장에서 파는 아무 물건에나 용돈을 쓸 생각은 없었다. 그건 말도 안 되는 일이었다. 할아버지의 신기한 가게에서 찾아낸 희귀하고 특별한 물건이어야만 했다.

여느 때처럼 누나 한나도 함께 갔다. 한나는 러미지 할아버지 가게에 있는 보물들이 진짜 가치가 있는 것인지 남몰래 의심하고 있었다. 한나는 누나답게 어린 남동생이 '아무짝에도 쓸모없는 엉뚱한 물건'을 또 하나 사지 못하도록 막아야 한다고 생각했다.

노점들이 가까워졌을 때, 한나와 디그비는 러미지 할아버지가 장난감을 만드는 폴록 씨와 이야기를 나누고 있는 것을 보았다.

"얘들아, 안녕." 러미지 할아버지가 손을 흔들면서 빙긋 웃었다. "때마침 잘 왔다. 폴록 씨가 오스트레일리아에서 가져온 흥미로운 물건을 보여 주마."

"안녕들 하세요?" 아이들은 입을 모아 인사를 하며 물었다. "그 물건을 볼 수 있나요?"

"아무렴." 폴록 씨가 구부러진 나무 조각을 마구 휘두르며 말했기 때문에 아이들은 그것을 피해 확 고개를 숙여야 했다. "얘들아, 이건 부메랑인데, 바로 위대한 해양 탐험가인 제임스 쿡 선장이 쓰던 거란다!"

 # 쿡 선장
CAPTAIN COOK

▲ 제임스 쿡 선장

가정적인 남자

1762년에 제임스 쿡은 런던의 템스 강변에 있던 여인숙 주인인 새뮤얼 배츠의 딸 엘리자베스와 결혼했어. 쿡의 가장 강력한 후원자였던 새뮤얼 배츠는 그에게 좋은 충고들을 해 주었단다. 쿡 부부는 여섯 아이 제임스, 너새니얼, 엘리자베스, 조지프, 조지, 휴를 낳았지만 아무도 오래 살지 못했고, 아기 때 죽은 아이들도 있었단다.

가난한 집안의 아들

제임스 쿡은 1728년 10월 27일 영국 요크셔 주의 아주 가난한 집에서 태어났단다. 소년 시절, 쿡의 집은 벽에 진흙을 발라 지은, 방이 두 개뿐인 오두막이었고 항상 쪼들리는 생활을 했어.

전쟁 영웅

비록 가난한 집안에서 태어났지만, 쿡은 1700년대의 가장 유명한 해양 탐험가가 되었단다. 세 차례에 걸친 길고 위험한 항해에서 쿡과 그의 선원들은 그때까지 알려지지 않았던 지구의 땅을 누구보다도 많이 발견했어. 쿡은 항해하는 동안 그린 그림과 항해 일지에 자신의 모험을 기록했는데, 이 기록들은 오늘날 전 세계의 박물관과 도서관에 보존되어 있단다.

◀ 쿡이 죽은 뒤 영국 왕은 그에게 방패 모양의 문장을 수여했단다. 문장에는 태평양을 중심으로 한 지구와 북극성이 그려져 있어. 또 '그가 시도해 보지 않은 것은 아무것도 없다.'라고 쓰여 있단다.

 # 상선 선원

석탄선 선원

쿡은 10년 동안 석탄선에서 일했어. 그 배의 주인은 뉴캐슬과 런던을 오가며 석탄을 거래하던 존 워커였단다. 쿡은 해도에도 실려 있지 않은 얕은 여울과 들어가기 어려운 항구가 많은 위험한 동해안을 따라 항해했어. 때로는 북해를 가로질러 노르웨이와 발트 해 연안까지 가기도 했어. 한시도 방심할 수 없는 바다에서 지도와 해도를 공부하며 일한 것이 쿡이 해양 탐험가가 되는 데 큰 도움이 되었단다.

▲ 영국 화가 터너가 그린 1800년대의 휫비항이야.

▲ 석탄선은 튼튼한 돛단배였단다.

선박 조종술 공부

휫비의 북쪽 항구에 겨울이 다가오면 쿡을 비롯한 견습 선원들은 배를 수리하고 다음 항해 철을 준비했어. 그들은 모두 존 워커의 집에서 생활했단다. 이곳에서 쿡은 선박 조종술을 공부했어. 1755년에 그는 영국 해군에 들어갔지. 당시는 영국과 프랑스 사이에 7년 전쟁이 벌어질 때였고, 영국 해군은 빠르게 성장하고 있어서 좋은 선원들이 필요했단다.

"나중에." 폴록 씨가 말했다.

"이제 쿡 선장에 대해서 말씀해 주시겠어요?" 한나가 조바심을 내며 말했다.

"아아, 그래. 지금 막 그 이야기를 하려던 참이었어." 장난감 만드는 폴록 씨가 말했다. "쿡은 어렸을 때 마을 학교에서 기본 교육을 받았단다. 그리고 열일곱 살 때 옷을 만들어 파는 양복점에서 일하게 됐지. 그런데 그 양복점이 바로 해안 거리에 있었기 때문에 쿡은 고기잡이배들이 오가는 것을 지켜보곤 했어. 쿡은 곧 바다를 사랑하게 됐고, 양복점을 그만두고 석탄선의 견습 선원이 되었지. 석탄선은 튼튼한 배라서 많은 짐을 실어 나를 수 있었는데, 쿡은 나중에 이런 석탄선의 특징을 잘 활용하게 된단다."

"쿡은 항해하는 법을 배우지 않았나요?" 디그비가 물었다.

"물론 배웠지. 쿡은 항해를 무척 좋아했어."

"그러니까 그게 부메랑이군요?" 디그비가 장식이 있는 구부러진 나무토막을 의심에 찬 눈으로 바라보며 말했다. "위험해 보이는데요? 혹시 쿡 선장이 그걸로 선원들을 때렸나요?"

"천만에." 폴록 씨가 껄껄 웃었다. "부메랑은 일종의 창이야. 오스트레일리아 원주민인 애버리지니는 사냥할 때 부메랑을 무기로 사용했지. 부메랑은 휘어져 있어서, 던지면 공중에서 회전하여 돌아오게 되어 있단다."

"와아!" 디그비가 외쳤다. "제가 한번 던져 봐도 될까요?"

"그래서 해군에 들어가 선장이 된 거야." 러미지 할아버지가 말했다.

"사실 쿡이 항해사 자격을 따는 데에는 2년밖에 안 걸렸어." 폴록 씨가 덧붙여 말했다. "항해사의 지위는 선장 바로 아래란다. 항해와 조종을 맡는 직책이지. 오래지 않아 젊은 쿡은 캐나다의 세인트로렌스 강을 현장 조사하여 지도를 만드는 임무를 띠고 파견되었어. 영국은 캐나다가 자기네 땅이라고 주장하는 프랑스를 공격할 계획이었기 때문에, 영국 해군은 그 정보가 필요했지. 쿡은 그 일을 아주 잘 해내서 해군 본부에서 높은 평가를 받았단다."

"쿡은 정말로 영리했나 봐요." 한나가 말했다.

"쿡이 수학에 뛰어난 재능이 있었던 것은 확실해." 러미지 할아버지가 말했다. "그리고 그림을 정확하게 그리는 재능도 갖고 있었지."

영국 해군

타고난 지도자

해상 생활을 시작한 뒤 처음 몇 년 동안 쿡은 수학과 천문학을 익히며 충분한 훈련을 쌓았는데, 대부분 독학으로 익혔단다. 그는 보통 사람들이 아무리 애를 써도 쉽게 배울 수 없는 강점들을 타고났단다. 그는 강력한 지도자가 되어 강한 결단력과 야심을 보여 주었어. 이것은 나중에 그가 선장 역할을 잘 해내도록 도와준 기술이기도 했지. 언젠가 그는 이런 글을 쓴 적이 있었어. '나는 내 이전의 누구보다도 멀리 갈 작정이다. 그리고 인간이 갈 수 있다고 여겨지는 한계점까지도 가 볼 작정이다.'

새로운 지도

영국은 더 이상 외국 항해자들이 그린 지도에 의존하고 싶지 않았어. 전쟁 중이던 영국은 직접 만든 지도가 필요했지. 그 일을 맡은 사람이 바로 쿡이야.

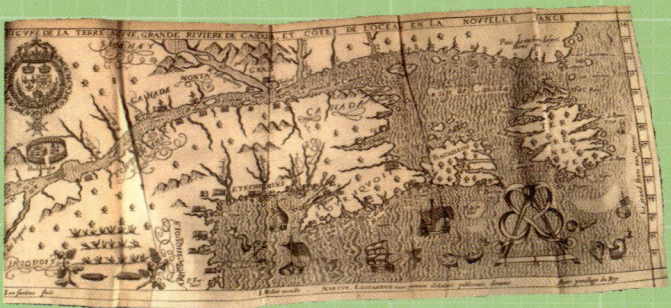

▲ 1757년에 제작된 캐나다 세인트로렌스 강의 지도란다.

재능을 타고난 측량 기사 겸 항해자

쿡은 자신의 능력을 최대한 발휘하기로 결심했단다. 일찍부터 그는 수양을 쌓아서 놀라운 자제력과 훌륭한 정신력을 갖추었어. 이따금 완고한 태도를 보이기도 했지만, 모든 일을 신중하고 철저하면서도 조용히 해냈단다. 그는 재능을 타고난 측량 기사 겸 항해자일뿐만 아니라 뛰어난 선원이라는 평판도 얻었지. 그래서 영국 왕립학회와 해군이 남태평양에 과학 탐험대를 보내기로 결정했을 때, 해군은 쿡이 그 대규모 항해를 이끌어야 한다고 주장했단다.

해도

쿡 선장은 항해하는 동안 미지의 바다를 조사하고 해도로 그린 다음, 자기가 그린 해안선의 두드러진 지점마다 이름을 붙였단다. 이름을 지을 때 그는 풍경의 모양새, 선원들의 경험, 자신이 그곳에서 발견한 것, 원주민이 우호적인지 아닌지 따위에서 착상을 얻었단다.

다른 사람들도 그를 본받았는데, '하와이'는 '백인 쿡이 돌멩이로 머리를 여러 번 얻어맞고 등이 칼에 찔리고 물에 빠져 죽은 곳'이라는 뜻이란다.

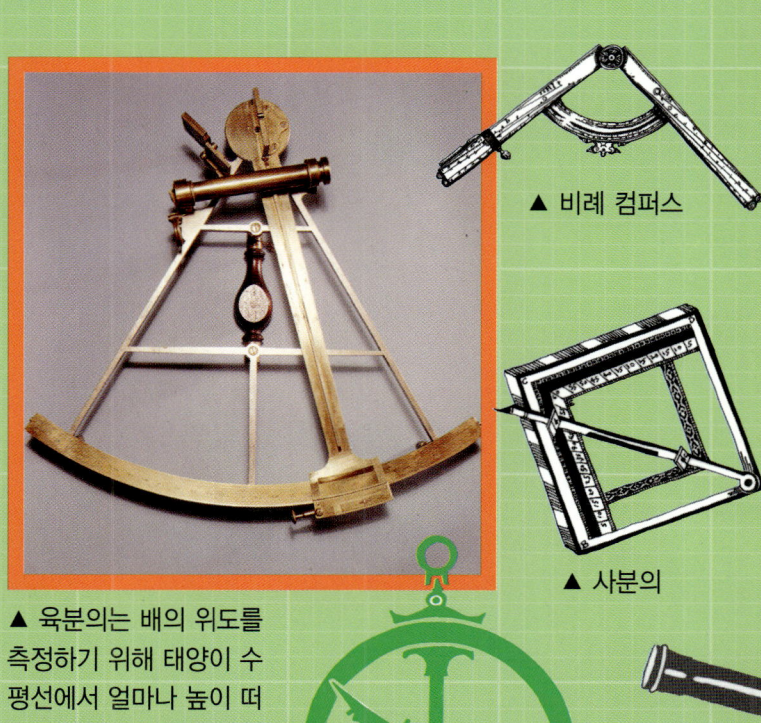

▲ 비례 컴퍼스

▲ 사분의

▲ 육분의는 배의 위도를 측정하기 위해 태양이 수평선에서 얼마나 높이 떠 있는가를 알아내는 데 사용되었어.

▲ 배의 방향을 잡기 위해 천체 관측의로 별들의 위치를 측정했단다.

▲ 망원경

▲ 남반구 지도

 # 세 번의 항해

첫 번째 항해(1768~1771년)

쿡은 태양을 가로지르는 금성을 관측하기 위해 첫 번째 항해를 떠났어. 그 천체 현상은 1769년 6월 3일에 일어날 예정이었단다. 하지만 그는 극비의 임무도 띠고 있었어.

유럽 지리학자들은 오랫동안 남반구에도 북반구의 유럽·아시아·아메리카 대륙에 맞먹는 거대한 대륙이 있을 거라고 믿었단다. 영국 정부는 영국이 새 땅덩어리에 대한 영유권을 주장하여 더욱 강력한 나라가 될 수 있도록 쿡에게 그 대륙을 찾으라는 비밀 명령을 내린 거야.

쿡은 석탄선을 개조한 '엔데버호'의 선장이 되었단다. 항해하는 동안 쿡은 타히티 섬과 뉴질랜드·오스트레일리아·자카르타를 방문했단다.

두 번째 항해(1772~1775년)

쿡 선장은 남태평양으로 두 번째 항해를 떠났단다. 그는 통가 섬, 이스터 제도, 뉴헤브리디스 제도, 뉴칼레도니아 섬을 포함하여 많은 섬의 지도를 그렸어.

하지만 이번에는 훨씬 남쪽(남위 71도)까지 항해하여 빙산을 보고, 그것을 얼음산으로 생각했단다.

▲ 쿡의 배에 탄 미술가가 그린 얼음 섬들이야.

▲ 뉴질랜드의 마라마라토타라 만이야.

세 번째 항해(1776~1779년)

'레졸루션호'를 이용한 세 번째 항해는 쿡에게는 치명적인 항해였단다. 그는 이 항해에서 돌아오지 못했거든. 북아메리카 위쪽을 가로지르는 신비로운 북동 항로를 찾으러 떠났던 쿡은 아메리카 대륙의 해안선을 지도로 그렸지만, 찾고 있던 것은 발견하지 못했어.

돌아오는 길에 하와이에 들렀는데, 여기서 그는 도둑맞은 물건과 부족 분쟁에 대한 의견 차이로 하와이 원주민들에게 살해되었단다.

▲ 남극의 얼음을 뚫고 나아가는 '레졸루션호'야.

첫 번째 항해
두 번째 항해
세 번째 항해
쿡의 선원들의 귀로

▲ 쿡이 세 번의 항해 때 택한 항로를 보여 주는 지도란다.

"특별한 항해네요." 한나가 말했다. "하지만 결말은 너무 끔찍해요."

"쿡이 석탄선을 타고 항해했다고 하셨나요?" 디그비가 물었다.

"아니, 그렇지는 않아." 폴록 씨가 껄껄 웃으면서 모형 배를 집어 들었다. "'엔데버호'는 이것처럼 석탄선을 개조한 배였단다. 해군에서 새로 맡게 될 임무에 걸맞게 개조되었어. 길이는 30미터였고, 약 30킬로미터의 긴 밧줄을 싣고 있었지! 게다가 바닥이 넓고 얕아서 해안까지 바싹 다가가서 탐험할 수 있었어. 실제로 쿡 선장은 그보다 더 좋은 배를 바랄 수는 없을 거라고 말했지."

"멋진데요." 디그비가 모형 배를 두 손으로 잡고 빙글빙글 돌리면서 말했다. "대형 대포를 여섯 문이나 싣고 다닌 석탄선은 별로 많지 않았을 거예요!"

"그렇다마다." 러미지 할아버지가 말했다. "게다가 그 배는 많은 선원, 긴 항해에 필요한 식량과 물을 충분히 실을 수 있었어. 쿡은 부하들이 병에 걸리지 않도록 과일과 채소를 충분히 먹이려고 했단다."

"쿡은 선원으로서 멋진 인생을 살았을 것 같아요." 디그비가 말했다.

"하지만 짧은 인생이었지." 폴록 씨가 엄격하게 덧붙여 말했다. "대부분의 선원들은 10년 동안 살아남으면 운이 좋은 편일 거야. '엔데버호' 선원들도 그중 3분의 2만 돌아올 수 있을 거라고 여겨졌지만, 쿡은 그보다 더 많은 부하들을 데리고 돌아왔지!"

"선원 생활이 그렇게 재미있는 것은 아닌가 봐요?" 디그비가 물었다.

"엄격한 규율을 지키는 것도 쉽지는 않았을 거야." 폴록 씨가 덧붙였다.

엔데버호

선장의 항해 일지

쿡 선장은 항해하는 동안 항해 일지를 자세히 기록했단다. 그는 하늘에 떠 있는 항성과 행성들의 위치와 배의 진행을 기록하고, 항해 중에 만난 원주민들을 묘사했어.

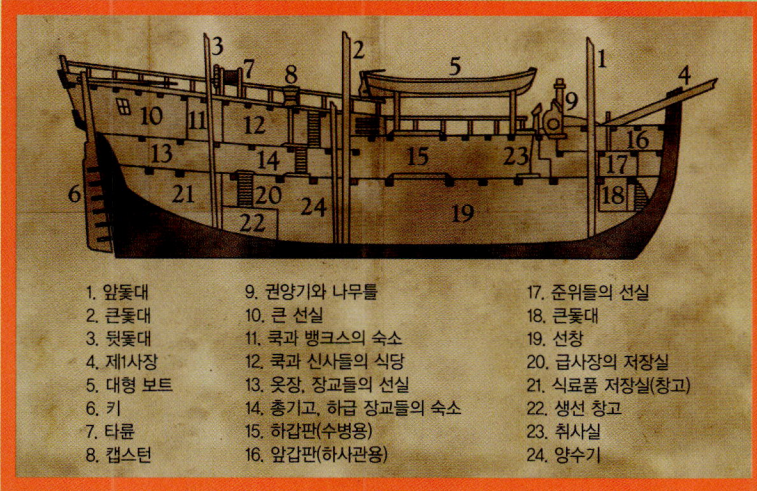

▲ '엔데버호'의 단면도야.

꼼꼼한 기록

쿡 선장은 항해하면서 만난 모든 집단에 대한 자신의 느낌을 기록했고, 그들의 관습과 관행도 기록하며 경탄했어. 항해 일지는 이 여행에서 얼마나 과학적인 조사가 이루어졌으며 쿡이 얼마나 호기심이 많았는지를 보여 주었지. 쿡 못지않게 세심한 기록자인 식물학자 조지프 뱅크스도 쿡을 도와주었단다.

건강과 안전

쿡 선장은 선원들의 건강과 안전에 많은 신경을 썼어. 그는 무모한 모험가가 아니었지. 항해하는 동안 배 위에서 일어나는 위험으로 부하의 3분의 1이 죽을 수도 있다는 것을 알았기 때문에, 그런 피해를 막으려고 애썼단다. 쿡은 특히 위생을 중요하게 여겨서, 항상 선실을 환기시키고 부하들이 정기적으로 몸을 씻게 했어.

풍부한 식량

'엔데버호'에는 3년 동안 견딜 수 있는 엄청난 양의 식량이 실려 있었단다. 여기에는 빵 15,000킬로그램, 맥주 1,200갤런, 돼지고기 1,500토막, 절인 양배추와 레몬과 라임이 포함되어 있었지. 선원들은 하루에 5,000칼로리의 식량을 배급받았는데 그들의 식사에는 절인 양배추, 다닥냉이, 오렌지주스, 엿기름으로 만든 맥주가 꼭 들어갔어. 이런 음식은 모두 비타민 C 결핍으로 인한 괴혈병을 예방하는 데 도움이 되었단다. 쿡 선장은 또 다른 비타민 C 공급원인 신선한 고기를 제공하기 위해 염소와 닭들도 배에 실었어. 그 결과, 3년 뒤 배가 돌아왔을 때 괴혈병으로 죽은 사람은 하나도 없었단다.

"'엔데버호'는 1768년 8월에 플리머스항을 떠났단다." 폴록 씨가 말했다. "배가 출항하자마자 선원들은 쿡 선장의 지시에 따라 엄격한 일과를 지켜 나갔지. 쿡 선장은 말수가 적은 사람이었지만, 부하들이 규칙을 지키게 하는 법을 알고 있었어."

"쿡 선장은 〈바운티호의 반란〉이라는 영화에 나온 그 무서운 블라이 선장처럼 잔인한 사람이었나요?" 한나가 물었다.

"쿡은 그런 선장들만큼 잔인하지는 않았어. 하지만 단호했지. 명령에 따르지 않는 선원들은 따끔한 채찍 맛을 봐야 했단다. 가시가 달린 아홉 가닥의 채찍에 맞으면 몇 초 안에 살갗이 갈기갈기 찢어졌으니, 얌전히 명령에 따를 수밖에.

오늘날에는 이런 일을 야만적이라고 생각하지만, 당시에는 아무도 그렇게 생각하지 않았어. '혹독한 시련'이라고 불린 처벌도 야만적이라고 여기지 않았단다."

"그게 뭔데요?" 디그비가 몸을 부르르 떨면서 물었다.

"사람을 밧줄에 묶어서 배 밑으로 내려 끌고 가는 처벌이야. 물에 빠져 죽지 않거나 배 밑바닥에 달라붙어 있는 조가비에 심하게 긁히지 않는다면 처벌의 효과는 거의 확실했지."

"사람을 얌전하게 만드는 방법치고는 너무 잔인한 것 같은데요?" 한나가 얼굴을 찡그리며 말했다.

 # 먼 바다

반란의 두려움

'엔데버호'에서 엄격한 규율이 실시된 것은 선상 반란을 막기 위해서였단다. 상황이 아무리 좋아도 선원들의 생활이 힘든데, 상황이 어려워지면 선원들이 반란을 일으켜 배를 점령하려 들 수도 있어. 어떤 선장도 그런 사태가 벌어지는 것을 원치 않았기 때문에, 본때를 보여 주기 위해 선원을 처벌하는 경우가 많았단다. 처벌에 아홉 가닥 채찍이 사용될 때는 모든 선원이 둘러서서 지켜보아야 했지. 선원들의 온몸에 타르를 칠하고 깃털로 덮어놓기도 했어. 그러면 꼴이 우스워 보였을 뿐만 아니라 뜨거운 타르가 살에 닿으면 아프기 때문에 그것을 벗겨 내려고 애썼단다. 반란을 꾀한 선원은 가로돛 끝에 목이 매달렸단다.

▲ 쿡 선장이 티에라델푸에고 섬에 상륙하는 모습이야.

티에라델푸에고 섬

'엔데버호'가 티에라델푸에고 섬의 굿석세스 만에 5일 동안 정박했을 때, 쿡 선장은 이상야릇한 땅을 보고 놀랐단다. 그는 항해 일지에 원주민들이 사용하는 무기를 묘사하면서, 원주민들은 활과 화살을 만드는 솜씨가 뛰어나다고 기록했어. 또한 원주민들은 반지와 단추, 옷감과 돛천도 갖고 있는데, 그것은 그들이 북쪽으로 가서 에스파냐 사람들과 교역했음을 말해 준다고 기록했단다.

▼ 티에라델푸에고 섬의 크리스마스 만이란다.

"그런데 그 여행을 즐거워한 사람도 있었나요?" 한나가 물었다.

"물론이지." 폴록 씨가 대답했다. "쿡 선장은 이따금 선원들의 긴장을 풀어 주었단다. 실제로 '엔데버호'가 마데이라 제도에 도착한 것을 축하하기 위해 포도주 300갤런을 선원들한테 주기도 했지."

"타히티 섬에 도착했을 때는 타히티 사람들에게 아주 따뜻한 환영을 받았단다." 러미지 할아버지가 덧붙여 말했다. "타히티 사람들은 통나무 속을 파낸 커다란 카누를 타고 '엔데버호'로 달려왔어. 울긋불긋 화려한 옷을 입은 원주민들은 우르르 배에 올라타서 선원들에게 코코넛을 주고, 그 대신 손목시계와 쌍안경과 머스킷 총을 가져갔지."

"타히티 사람들이 물건을 훔쳐 갔다는 말씀이군요." 디그비가 말했다. "그런데 아무도 상관하지 않았나요?"

"물론 선원들 중에는 그걸 싫어한 사람도 있었겠지." 폴록 씨가 말했다. "하지만 당시 남태평양의 섬사람들은 모든 재산을 공유했어. 그래서 물건을 가져가는 것을 도둑질이라고 생각하지 않았단다."

"타히티 섬의 마법사들은 쿡의 도착을 예언했어." 러미지 할아버지가 말했다. "타히티 사람들은 쿡의 도착을 앞으로 커다란 변화가 일어날 조짐으로 여겼던 거야."

"그 예언이 옳았던 것 같군요." 한나가 말했다.

"하지만 재미있는 일은 거기서 끝나지 않았단다." 폴록 씨가 말했다. "타히티 사람들은 쿡의 선원들에게 의식적인 춤과 기묘한 얼굴 찡그리기를 보여 주었지. 선원들은 쿠쿠이나무 기름으로 새긴 타히티 사람들의 문신을 보고 감탄하기도 했어. 타히티 사람들은 파도타기도 잘했는데, 선원들의 눈에 그들은 헤엄도 치고 물고기도 잡으면서 대체로 인생을 즐기는 것처럼 보였어. 선원들은 휴가를 얻은 것 같았을 거야."

타히티 섬에서

따뜻한 환영

쿡 선장은 타히티 사람들이 환영하는 의미로 신선한 음식을 선물로 주었다고 기록했단다.

"믿을 수 없을 만큼 많은 원주민들이 자기네 보트로 우리 배를 에워쌌다. 그들의 배에는 코코넛과 바나나, 사과를 비롯한 과일이 가득 실려 있었다. 우리는 구슬과 못 따위를 주고 그것을 더 얻을 수 있었다. 희망봉을 떠난 뒤 오랫동안 신선한 과일을 맛보지 못했던 우리에게 그 과일이 얼마나 맛있었는지는 이루 말로 표현할 수 없다."

▶ 타히티 사람들은 신선한 과일을 선물로 주면서 쿡과 그의 선원들을 환영했단다.

이상한 관습

타히티 사람들의 생활 양식 가운데 일부는 쿡 선장에게 충격을 주었단다. 그는 타히티 섬의 장례와 인신 공희 풍습을 기록했어. 폴리네시아 인들은 신의 기분을 달래려면 사람의 목숨을 바쳐야 하고, 그 대가로 풍부한 음식, 좋은 날씨나 행운을 얻을 수 있다고 믿었단다. 쿡의 선원들은 섬사람들의 풍습을 쉽사리 이해할 수 없었기 때문에 공포에 휩싸이기도 했지.

신에게 희생되는 동물

쿡 선장은 동물을 희생물로 바치는 의식에 대해서도 묘사했단다.

"그들은 유일한 최고신이 존재하고… 그 신에게서 '에아투아스'라고 불리는 수많은 하급 신들이 생겨났다고 믿는다… 그들은 이 하급 신들에게 돼지와 개, 물고기, 과일 따위의 공물을 바친다."

배에 함께 탄 식물학자 뱅크스는 제단에 희생물이 바쳐져 있는 장면을 이렇게 묘사했단다.

"우리는 '에화타'라고 불리는 제단을 발견했다. 제단 위에는 바로 얼마 전에 희생물로 바친 약 30킬로그램의 통째로 구운 돼지 한 마리가 놓여 있었다."

▲ 타히티 섬이야.

"타히티 사람들이 그렇게 우호적이었다니 다행이에요." 디그비가 말했다. "그 사람들이 배를 저어 와서 창이라도 던졌다면 정말 무서웠을 것 같아요."

"그렇고말고. 그런데 쿡 선장이 항상 그렇게 환영받은 건 아니야." 폴록 씨가 말했다. "'엔데버호'가 아오테아로아를 발견했을 때, 쿡은 그 섬의 원주민인 마오리 족이 타히티 사람들보다는 적대적이었다고 기록했지. 아오테아로아는 오늘날 우리가 뉴질랜드라고 부르는 땅이란다."

"왜 안 그러겠어요?" 한나가 말했다. "누가 뭐래도 거긴 그 사람들 땅이었잖아요."

"맞아. 하지만 그 사람들은 '엔데버호'의 임무가 평화적이었다는 걸 몰랐어. 실제로 쿡 선장은 뉴질랜드의 북섬과 남섬 주위를 항해하면서 그것을 지도에 그리고, 뉴질랜드는 그가 찾고 있던 남반구의 거대한 대륙이 아니라는 것을 입증했지. 쿡 선장은 자기가 정박한 만과 방문한 곳 몇 군데에 이름을 붙여 주기도 했단다."

폴리네시아 인들
아오테아로아

1769년에 쿡 선장은 아오테아로아에 상륙했단다. 아오테아로아는 마오리 어로 '길고 하얀 구름의 땅'이라는 뜻이야. 그는 이 지방의 해안선을 정확하게 측량하여 지도를 만들었기 때문에, 그 후 두 차례의 항해에서는 세부적인 것을 보충하고 몇 가지 잘못만 바로잡으면 되었단다. 쿡은 그 섬의 원주민인 마오리 족의 생활과 관습에 대해서도 흥미로운 사실을 기록했어. 불행히도 쿡 선장 이후에 이곳에 정착한 유럽인들은 총과 질병을 가져와서 많은 마오리 족을 죽음으로 몰아넣었단다.

▲마오리 족은 쿡 선장과 그의 부하들을 바다에서 온 티푸아라는 요정으로 생각했단다. 하지만 쿡은 마오리 족이 불친절하고 호전적이라고 생각했어.

▲ 식물학자 조지프 뱅크스란다.

쿡 선장의 배에 함께 탄 식물학자 뱅크스는 이렇게 기록했단다.

"…그들은 당장이라도 공격을 시작할 것처럼 긴 창을 휘두르고, 파투파투로 공기를 가르고, 짧은 창을 흔들면서 줄곧 노래를 불렀다. 그들의 태도는 사나웠지만 불쾌하지는 않았고, 노래가 끝날 때마다 모두 입을 모아 큰 소리로 깊은 한숨을 내쉬었다."

투파이아

쿡과 뱅크스는 마오리 족을 연구할 때 투파이아의 도움을 받았단다. 투파이아는 그들이 타히티 섬에서 배에 태웠던 폴리네시아 인 추장이야. 경험이 풍부한 항해자인 투파이아는 태평양의 섬들을 도는 길을 알고 있었어. 그가 쓰는 언어는 마오리 어와 비슷했기 때문에, 투파이아는 통역으로도 많은 도움이 되었단다.

처음에 마오리 족은 투파이아를 신으로 환영했고, 그에게 귀중한 개가죽 망토를 주었단다. 하지만 투파이아가 도와주었는데도 쿡의 선원과 섬사람들은 교역을 둘러싸고 자주 다투었어. 쿡의 부하들이 마오리 족의 신성한 법률을 무시하고 그들의 땅에 침입하자 상황은 더욱 나빠졌단다.

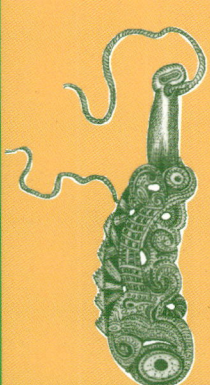

"마오리 족은 어떤 무기를 사용했나요? 총을 갖고 있지는 않았겠죠?" 디그비가 물었다.

"그럼. 하지만 고래 뼈로 만든 무시무시한 전투용 곤봉을 갖고 있었지. 그 밖에 나무나 녹암으로 만든 무기도 사용했단다." 폴록 씨가 기다란 노처럼 생긴 물건을 들어 올리면서 말했다. "이건 파투파투라는 무기야. 이름은 별로 전투적으로 들리지 않지만, 제법 위력이 있는 무기였지. 쿡은 이 무기가 '사람 머리를 박살내는 데 쓰였다'고 설명했어. 그것도 아주 철저하게 박살냈다는구나."

한나가 곤봉을 집어 들고 동생을 바라보면서 말했다. "하지만 이 무기도 디그비한테는 쓸모가 없을 거예요. 디그비는 머리가 아예 없으니까요."

"그럴 리가." 러미지 할아버지가 웃으면서 말했다.

뿔고둥 나팔

마오리 족은 멀리 떨어져 있는 사람끼리 서로 부를 때 뿔고둥 나팔을 불었어. 쿡 선장은 여기에 깊은 인상을 받지 않았지. 그는 뿔고둥 나팔이 소름끼치게 울부짖는 소리를 낸다고 말했단다.

녹암

하지만 쿡 선장은 녹암으로 만든 마오리 족의 연장과 무기에는 감탄했단다. 녹암은 뉴질랜드 남섬의 산악 지방에서만 발견되는 아주 단단한 비취의 일종인데, 이것은 마오리 족에게 주술적인 의미를 갖고 있었어. 그들은 전사들이 녹암을 몸에 지니면 더욱 강하고 사나워진다고 믿었단다.

무기

마오리 족 전사들은 손에 들고 휘두르는 곤봉인 파투파투만이 아니라 긴 창과 짧은 창도 휘둘렀어. 고래의 갈비뼈로 만든 창을 개털로 장식하고 자개를 박아 넣었단다.

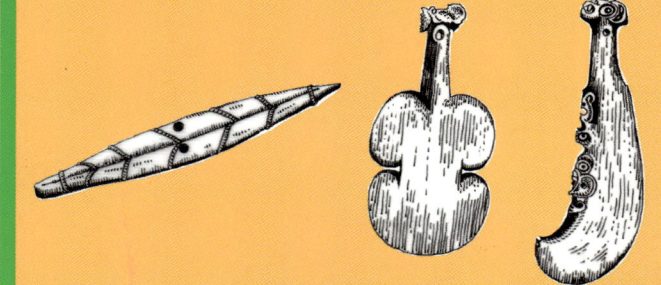

 # 마오리 족의 기술

전투용 카누

전투용 카누의 뱃머리에는 무섭게 생긴 머리가 복잡하게 새겨져 있었어. 마오리 족은 카누를 타고 뉴질랜드에 도착했기 때문에 주요 부족을 '카누'라고 부른단다. 카누 부족은 '이위'라고 불리는 작은 부족들로 나뉘어 있어. 마오리 족은 해류와 철새들의 비행을 이용하여 드넓은 태평양을 항해했단다.

▲ 마오리 족의 전투용 카누들이란다.

문신

마오리 족은 폴리네시아 동부 문화에서 유래한 문신을 받아들였단다. 쿡 선장의 시대에 마오리 족 추장들은 대부분 몸에 문신을 했어. 얼굴에 깊이 베인 상처를 내는 데에는 끌을 사용했지. 그 다음에는 카우리소나무의 나뭇진을 태운 것과 같은 거무스름한 안료에 끌을 담갔다가 피부를 가볍게 두드려 물감이 상처에 스며들게 했단다.

▲ 마오리 족의 카누 뱃머리에 새겨진 사납게 생긴 머리 모양이야.

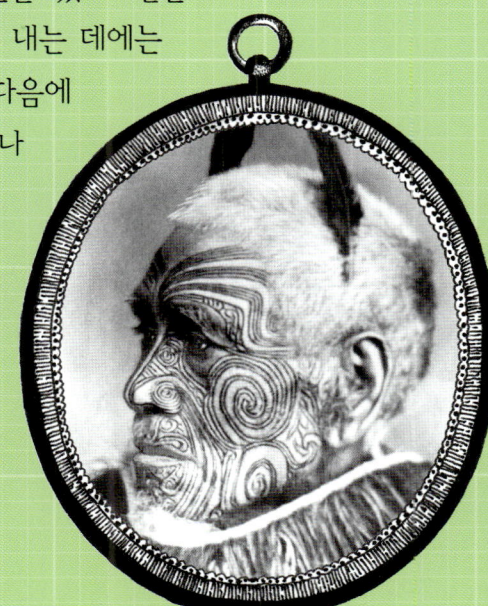

"쿡 선장의 선원들에게는 뉴질랜드가 낙원처럼 보였을 거예요." 한나가 말했다.

"그랬지." 러미지 할아버지도 동의했다. "밀림 속에서 그들이 들었을 소리를 상상해 보렴. 앵무새들이 꽥꽥거리고 종소리 비슷한 울음소리를 내는 새들의 소리가 울려 퍼지고……."

"그 사람들은 키위도 보았나요?" 디그비가 물었다.

"틀림없이 보았을 거야. 키위만이 아니라 카카포처럼 날지 못하는 이상한 새들도 보았겠지."

"그곳에는 이국적인 식물들도 있었단다." 폴록 씨가 덧붙여 말했다. "카우리소나무는 돛대로 쓸 수 있을 만큼 거대했고, 아마는 밧줄을 짜는 데 쓰였지."

"우아, 그건 모두 선장한테 필요한 거네요." 디그비가 말했다.

새들의 나라

뉴질랜드는 사람이 정착하기 전에는 새들의 낙원이었단다. 하지만 쿡 선장 이후에 뉴질랜드에 정착한 유럽 인이나 그들이 데려온 동물들은 날지 못하는 모아를 비롯하여 많은 새를 사냥하거나 죽였어. 쿡의 배에 함께 탄 식물학자 뱅크스는 뉴질랜드에서 발견된 식물과 동물을 자세히 연구했단다.

▲ 카카포

카카포와 키위

쿡 선장이 뉴질랜드를 방문했을 때에는 날지 못하는 카카포를 많이 보았을 거야. 오늘날 카카포는 멸종 위기에 놓인 품종이란다. 카카포는 세계에서 가장 무거운 앵무새인데, 이 새는 날지 못하기 때문에 식물을 먹기 위해 먼 거리를 걸어 다닐 때가 많아.

쿡의 선원들은 키위도 보았단다. 오늘날 키위는 뉴질랜드를 대표하는 새야. 키위는 겁이 많아서 적의 공격을 받을 염려가 없는 밤에만 활동하지. 날개는 작고 쓸모가 없어서 키위 역시 날지 못한단다.

▲ 지금은 멸종한 모아 새란다.

▲ 키위

"쿡 선장이 다음에 들른 곳은 오스트레일리아였단다. 아니, 당시에는 뉴홀랜드라고 불렀지." 러미지 할아버지가 말했다. "이것은 아주 재미있는 일이었어. 쿡 선장이 실제로는 '반 디멘즈 랜드'를 찾고 있었으니까. 그곳은 오늘날 '태즈메이니아'라고 불리는 곳이란다."

"그러니까 쿡 선장이 길을 잃은 거군요?" 한나가 말했다.

"설마 그럴 리가. 그곳은 해도에 실려 있지 않은 미지의 바다였어. 아무도 가 본 적이 없으니까, 무엇이 나타날지 짐작할 수 없을 뿐이었지. 우주에 뭐가 있을지 모른 채 우주선이 우주로 떠나는 것과 비슷해." 러미지 할아버지가 설명했다.

"정말 무서웠겠어요." 디그비가 말했다.

"하지만 보람도 컸지. 특히 지도에 실려 있지 않은 오스트레일리아 동해안 같은 새로운 땅을 우연히 발견하면……."

"쿡 선장은 '엔데버호'가 상륙한 곳에서 노랑가오리를 잡았기 때문에 처음에는 그곳을 '노랑가오리항'이라고 불렀단다. 그러다가 식물학자들이 해안에서 발견한 새로운 식물들을 보고 너무 흥분했기 때문에, 쿡 선장은 그곳 이름을 '보터니(식물) 만'으로 바꾸었지."

한나가 빙긋 웃고는 말했다.

"먼지투성이의 메마른 달에 착륙해서 아무것도 발견하지 못하는 것보다는 그쪽이 훨씬 흥미진진했겠는데요."

"맞아. 게다가 거기서 사람도 발견했으니까!" 폴록 씨가 큰 소리로 말했다. "그들은 '애버리지니'라고 불리는 오스트레일리아 원주민을 만났단다."

오스트레일리아 원주민

1770년 4월 28일 쿡 선장과 선원들이 보터니 만에 상륙하자, 원주민들은 달아나 덤불 속에 숨었단다. 나중에 영국인들은 더 많은 원주민을 만났는데, 쿡 선장은 일지에 그들을 이렇게 묘사했어.

"…꼿꼿한 몸에 가느다란 팔다리, 피부색은 검댕이나 초콜릿 색깔이고, 머리털은 대개 검은색이다… 생김새는 전혀 불쾌하지 않고, 목소리는 선율이 흐르듯 부드러웠다.

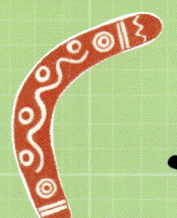

그들은 남자든 여자든 모두 알몸으로 다닌다… 장신구로 몸을 장식한다. 조가비로 만든 목걸이를 걸고, 팔에는 대개 머리털로 만든 둥근 고리 같은 팔찌를 찬다… 남자들은 길이가 10센티미터쯤 되는 굵은 뼈를 콧마루에 끼운다. 선원들은 그것을 '스프릿 돛대'라고 불렀다… 남자들은 대부분 몸과 얼굴에 하얀 반죽이나 물감을 바른다……."

무기

애버리지니는 부메랑이라는 나무 막대기를 무기로 사용했단다. 또 가오리의 독침이나 상어 이빨을 끝에 붙박은 창도 가지고 다녔어.

이상한 동물들

뱅크스는 날여우박쥐, 딩고라는 들개, 기묘한 물고기 같은 온갖 야생동물을 발견했어. 캥거루와 주머니쥐같은 유대류도 발견했는데, 유대류의 새끼는 어미의 배에 달린 주머니 속에서 산단다.

◀ 오스트레일리아 원주민 사냥꾼들이란다.

"하지만 모든 것이 즐겁고 항상 새로운 발견만 한 것은 아니야." 폴록 씨가 말했다.

"'엔데버호'는 하마터면 산호초에 걸려 난파할 뻔한 적도 있었지."

"그 산호초가 '그레이트배리어리프'였나요?" 한나가 물었다. "책에서 읽은 적이 있는데, 그 안에서 스쿠버다이빙을 하면 멋질 거라고 생각했어요."

"아마 그렇겠지." 폴록 씨가 말했다. "하지만 배를 몰고 그곳을 지나는 것은 그렇게 멋지지 않아. '엔데버호'처럼 폭이 좁은 배라도."

"그래서 어떻게 됐어요?" 디그비가 물었다.

"어느 맑은 날 밤, 바람도 없고 파도도 잔잔해 보였는데, 으드득 하는 무시무시한 소리가 났어. '엔데버호'가 암초에 부딪힌 거야. 배는 옆구리에 커다란 구멍이 뚫려 가라앉기 시작했지만, 선원들은 당황하지 않았어.

명령이 내려졌고, 선원들은 최대한 신속하게 구조 작업에 착수했지. 우선 배를 가볍게 하기 위해 많은 장비를 배 밖으로 내던지기 시작했단다. 기름통, 궤짝, 비품, 무거운 대포 여섯 문까지 바다에 던져졌지. 또 한편으로는 밧줄과 양털과 돛천으로 구멍을 틀어막았어. 다행히 '엔데버호'는 아슬아슬하게 구조되었고, 가까운 해안으로 천천히 다가갔지."

"정말 다행이네요." 디그비가 말했다.

"하지만 그걸로 끝나지 않았어." 폴록 씨가 말을 이었다. "선원들은 쿡이 '엔데버 강'이라고 이름 지은 강 근처 해변으로 배를 끌어올려서 수리하기 시작했는데, 못을 새로 만들기 위해 대장간을 짓고 배를 수리하는 데 6주가 걸렸어. 그러는 동안 식물학자들은 새로운 식물과 동물을 연구했고, 처음으로 캥거루를 잡기도 했지."

34

귀국길

▲ 쿡이 포제션 섬에 국기를 꽂고 오스트레일리아가 영국 영토임을 선언하고 있단다.

귀국을 환영합니다!

'엔데버호'가 다시 돛을 올리자, 쿡 선장은 위험한 암초가 전혀 없는 곳으로 배를 몰았단다. 배는 그가 쿡 곶이라고 이름 지은 오스트레일리아 대륙 북쪽 끝까지 해안선을 따라 올라갔어. 쿡은 그가 포제션 섬이라고 이름 지은 섬에 상륙하여 영국 국기를 꽂았단다. 이것은 그가 영국을 대표하여 그 땅에 대한 '영유권을 선언한다'는 뜻이었단다. 그 후 그는 고국으로 향했어. 그리고 1771년 7월 13일 영국에 도착하여 영웅으로 환영받았단다.

뉴사우스웨일스

'엔데버호' 선원들은 이 항해가 끝날 무렵에는 이미 오스트레일리아의 남동 해안을 모두 탐험했단다. 쿡 선장은 그 해안이 영국 웨일스 해안선의 푸른 나무들과 높고 낮은 언덕들을 연상시켰기 때문에 그 곳을 '뉴사우스웨일스'라고 이름 지었어.

▲ '엔데버호'는 재건되었고, 이 정확한 복제품은 오늘날 교육적인 목적으로 전 세계를 돌아다니고 있어.

 # 북서 항로를 찾아라

철물 장수들

쿡 선장은 아메리카 서해안의 인디언들이 쇠로 만든 것이면 무엇이든 좋아한다고 기록했단다. 실제로 인디언들은 다른 물건과 교환할 수 있는 쇠붙이를 두 척의 배에서 모조리 떼어 갔어. 또한 훔칠 수 있는 것은 모두 훔쳐 갔단다. 쿡은 놋쇠와 구리, 단추 따위가 항상 없어진다고 기록했어. 아메리카 원주민들은 자기네 땅에 있는 것은 모두 자기 것으로 생각하기 때문에 인디언들이 가져간 것을 선원들이 되찾으려면 그 대가를 치러야 했단다. 인디언들은 선원들이 동물에게 먹이는 풀에 대해서도 대가를 받고 싶어했어!

바다 동물

항해하는 동안, 쿡 선장은 '바다 곰'과 '깡충깡충 뛰는 까마귀'를 보았다고 기록했어. 실제로 그가 본 것은 바다사자와 펭귄이었지. 선원들은 바다코끼리에 매혹되어 그것을 '해마'라고 불렀단다.

"해마들은 수백 마리씩 무리지어 돼지처럼 뒤죽박죽 포개져서 얼음 위에 누워 있었다. 그들은 요란하게 으르렁거리거나 귀에 거슬리는 울음소리를 내기 때문에, 밤이나 안개 낀 날씨에는 눈으로 보기 전에 그 소리만 듣고도 훨씬 먼저 얼음의 존재를 알아차릴 수 있었다."

▼ 알래스카의 프린스윌리엄 해협이란다.

"쿡은 섬들을 좀 더 자세히 탐험하려고 남태평양으로 돌아갔지만, 이 세 번째 항해는 결국 쿡의 죽음으로 이어지고 말았지."

"이번에는 북서 항로를 찾는 것이 쿡의 임무였어." 러미지 할아버지가 말했다. "오랫동안 사람들은 아메리카 대륙 위쪽을 돌아서 대서양과 태평양을 잇는 교역로가 있을 거라고 생각했지. 그래서 쿡 선장은 남태평양의 하와이에서 겨울을 보낸 다음, 아메리카 대륙의 서해안을 따라 북쪽으로 항해하면서, 오늘날 우리가 알래스카라고 부르는 곳까지 이어진 해안의 대부분을 해도로 만들었단다."

"쿡 선장은 아메리카 원주민을 만났나요?" 한나가 물었다.

"물론이지." 폴록 씨가 말했다. "배들이 누트카 만에 들어가자, 나무를 쪼아서 만든 카누를 탄 원주민들이 쿡 선장을 맞이했어. 쿡은 원주민들이 동물 가죽을 입고 깃털로 머리를 장식했다고 묘사하고, 그렇게 솜씨 좋은 도둑은 이제껏 만나 본 적이 없다고 말했지. 쿡의 선원들은 여우와 흰털발제비와 해달의 가죽을 얻으려고 원주민들과 거래했어."

"그런데 북서 항로를 발견했나요?" 디그비가 물었다.

"아니. 그들은 안개를 뚫고 북쪽으로 항해하면서 많은 섬과 후미를 해도에 표시했지만, 북서 항로는 찾지 못했단다. 북극권 북쪽에서 두꺼운 얼음과 마주쳤기 때문에, 뱃머리를 돌려 다시 하와이로 향했지.

배들이 하와이에 도착했을 때, 쿡은 곧바로 상륙하지 않았어. 그건 정말 이상한 일이었지. 그뿐만 아니라 쿡은 6주 동안 섬 주위를 항해했어."

"선원들은 무척 지루했겠군요?" 디그비가 말했다.

"그리고 화도 많이 났을 거야." 폴록 씨가 대답했다.

"하지만 마침내 상륙한 쿡 선장은 열렬한 환영을 받았어. 섬 주민들은 그때 마침 로노 신에게 바치는 축제를 열고 있었지. 로노는 빛과 평화와 풍요를 가져다주는 신인데, 하와이 사람들이 쿡 선장을 로노 신으로 착각했다고 생각하는 사람들도 있어. 어쨌든 섬 주민들은 1천 척이나 되는 카누로 쿡 선장을 환영했단다."

"그런데 뭐가 잘못됐나요?" 디그비가 물었다.

"몇몇 선원이 성소를 침범하자 하와이 사람들은 화가 났어. 선원 한 사람이 죽은 것도 그들을 실망시켰지. 그것은 쿡 선장과 선원들이 결국 인간이라는 증거였으니까."

"쿡 선장은 어떻게 해 볼 도리가 없었나요?" 한나가 물었다.

"이젠 쿡 선장도 몹시 기분이 상했어." 러미지 할아버지가 말했다. "어쨌든 상황은 점점 나빠졌고, 쿡은 떠날 때가 되었다고 판단했지. 하지만 며칠 뒤, 쿡 선장은 배를 수리하러 돌아올 수밖에 없었어. 그런데 이번에는 원주민들이 전혀 반가운 기색이 아니었지……."

"그래서 당장 말썽이 일어났단다." 폴록 씨가 말했다. "하와이 사람들이 배에 딸린 대형 돛배를 훔쳐 가자 쿡은 화가 났어. 그래서 왕을 인질로 잡아서 돛배를 돌려받으려고 상륙했지만, 원주민들의 공격을 받았지. 쿡 선장은 곤봉으로 얻어맞고 등은 칼에 찔린 채, 결국 바다에 거꾸로 떨어져 죽고 말았단다!"

"정말 끔찍해요." 한나가 큰 소리로 말했다.

"그래도 쿡 선장의 부메랑은 돌아왔잖아요?" 디그비가 쾌활하게 말했다. "쿡 선장의 모험을 생각나게 하는 이 부메랑을 제가 가져도 될까요?"

"그러렴. 이 부메랑이 쿡 선장한테 준 것보다 더 많은 행운을 너한테 가져다주었으면 좋겠구나!"

폴록 씨는 아이들에게 손을 흔들어 작별 인사를 했다.

 # 잔인한 죽음

쿡 선장이 죽은 뒤, 하와이 사람들은 그의 주검을 잘게 토막 내어 여러 곳에 흩어 놓았단다. 소동이 진정된 뒤, 새 선장 클러크가 상륙하여 쿡을 제대로 매장할 수 있도록 그의 주검을 돌려달라고 요구했어. 얼마 후, 토막 난 주검의 일부가 돌아왔지. 거기에는 화상 자국이 있는 손도 포함되어 있어서, 그것이 쿡 선장의 주검임을 확인할 수 있었단다. 제임스 쿡의 유해는 바다에 매장되었어. 해마다 하와이 섬에는 영국 군함이 들러 코나 근처에 있는 쿡 선장의 기념비를 돌본단다.

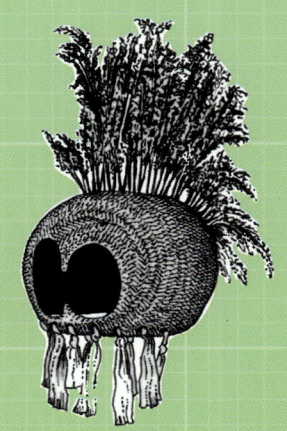

▶ 하와이에서는 전사들이 죽으면 그들을 기리기 위해 데스마스크를 만들었어. 섬 주민들은 쿡 선장을 위해서도 데스마스크를 만들었을 거야.

선원, 탐험가, 과학자

제임스 쿡 선장의 이름은 오늘날에도 여전히 살아 있단다. 그의 이름을 딴 수많은 장소가 태평양 곳곳에 널리 흩어져 있는데, 뉴질랜드의 쿡 해협, 알래스카의 쿡 만, 남태평양의 쿡 제도 등이 있어.

쿡 선장이 죽은 뒤, 많은 유럽 인이 그가 발견하고 탐험한 땅에 정착했단다. 그래서 쿡은 뜻하지 않게 식민지 건설의 실질적인 아버지가 되었어. 하지만 식민지 건설은 결코 그의 목적이 아니었어. 그의 임무는 넓은 태평양의 지도를 그리고 미지의 세계를 최대한 많이 발견하는 것이었으니까. 그는 이 목적을 충분히 달성하여 역사상 가장 성공한 탐험가로 꼽히게 되었단다.

어휘 사전

- **갤런** : 부피의 단위로 1갤런은 영국에서는 약 4.545리터, 미국에서는 약 3.785리터에 해당해요.
- **견습** : 학업이나 일 등을 배우는 일이에요.
- **난파** : 항해하던 배가 폭풍우 등을 만나서 부서지거나 뒤집히는 것을 뜻해요.
- **머스킷 총** : 옛날에 쓰던, 양손으로 조작할 수 있는 소총을 말해요.
- **문** : 대포나 기관총 등을 세는 단위를 말해요.
- **문장** : 국가나 어떤 단체, 집안 따위를 나타내기 위하여 사용하는 상징적인 표시예요. 주로 그림이나 문자로 되어 있어요.
- **바운티호의 반란** : 1789년 영국 군함 바운티호에서 일어난 함장에 대한 반란 사건을 다룬 영화예요.
- **사분의** : 90도의 눈금이 새겨져 있는 부채 모양의 기계로 천체의 높이를 측정했어요.
- **육분의** : 두 점 사이의 각도를 정밀하게 재는 광학 기계를 말해요.
- **인신 공희** : 신에게 희생 공물로 사람을 바치는 일을 뜻해요.
- **타르** : 목재, 석탄, 석유 등의 물질을 가열할 때 생기는 검고 끈끈한 액체를 말해요.
- **해도** : 바다의 깊이, 바다 밑의 성질, 조류의 방향, 항로 표지 등 바다의 상태를 자세히 적어 넣은 항해용 지도예요.
- **호전적** : 싸우기를 좋아하는 것을 말해요.
- **후미** : 물가나 산길이 휘어서 굽은 곳을 말해요.

찾아보기

뉴질랜드 26, 29, 30, 31
레졸루션호 19
마오리 족 26, 27, 28, 29
알래스카 36, 37
엔데버호 18, 20, 21, 22, 23, 26, 32, 34, 35
오스트레일리아 32, 33, 35
조지프 뱅크스 21, 25, 27, 33
타히티 섬 24, 25
티에라델푸에고 섬 23
폴리네시아 인 25, 26, 27
하와이 17, 19, 37, 38, 39

카벙클 대령
고물 지프차의 짐칸에 군복과 훈장, 깃발, 칼, 투구, 포탄, 방독면 따위를 진열해 놓고 판다.

프루
한나의 가장 친한 친구로 자기만의 생각에 빠질 때가 많다. 특히 분장하고 옷 갈아입는 걸 좋아해서 그런 일이 생기면 졸졸 따라다닌다.

켄조
이발사이며 다양한 옷차림에 어울리는 가발을 많이 갖고 있다. 이발 가위를 즐겨 사용한다.

버즈
마을의 온갖 소문을 알고 있다. 목에 건 나무 상자에 사탕과 빵을 담아서 길거리를 돌아다니며 판다.

새프런
예쁜 천막 밑에 이국적인 향신료 가게를 차려 놓고 냄비와 프라이팬, 허브, 향신료, 기름, 비누, 염료 따위를 판다.

빌지 부인
손수레를 밀고 시장을 돌아다니면서 쓰레기를 줍는다. 문제는 러미지 할아버지의 가게에 있는 물건을 쓰레기로 알고 내다 버린다는 것이다.

클럼프머거
희귀한 책들을 파는 서점 주인이다. 가게에는 옛 지도와 먼지 쌓인 책과 낡은 신문들이 가득하다.

제이크
디그비의 친구. 상상력이 뛰어나고, 언제나 짓궂은 장난을 칠 생각만 한다.

크리시
중고 옷가게 주인이다. 디그비와 한나가 러미지 할아버지의 이야기에 나오는 인물들을 연기할 때 필요한 옷들을 빌려 준다.

픽시
점쟁이 아가씨. 특이한 천막 안에서 향과 양초, 바르는 물약과 먹는 물약, 수정 구슬을 판다.

유세프
전 세계를 두루 여행했다. 흥미진진한 여행을 추억할 수 있는 기념품들이 가방 하나에 가득하다.

그레이트 피플 시리즈

벼룩시장에 있는 만물상 할아버지 가게에는 수많은 물건들이 저마다 흥미진진한 사연을 가지고 있습니다. 아이들은 용돈으로 벼룩시장 물건을 사고, 그때마다 덤으로 따라오는 위인들의 놀라운 이야기를 듣습니다.

★ 개정 교과서에 나오는 인물 수록, 풍부한 배경 지식을 담은 사진 자료
★ 시오노 나나미의 〈로마인 이야기〉, 〈꽃들에게 희망을〉 등을 번역한 김석희 선생님 완역

1 레오나르도 다빈치의 팔레트 · 2 마틴 루서 킹의 마이크 · 3 클레오파트라의 동전 · 4 콜럼버스의 지도 · 5 모차르트의 가발
6 닐 암스트롱의 월석 · 7 마르코 폴로의 비단 지갑 · 8 셰익스피어의 깃털 펜 · 9 시팅 불의 손도끼 · 10 나폴레옹의 모자
11 알렉산더 대왕의 시집 · 12 갈릴레이의 망원경 · 13 간디의 안경 · 14 율리우스 카이사르의 샌들 · 15 스콧 선장의 스키
16 라이트 형제의 글라이더 · 17 바르바로사의 보물 상자 · 18 마더 테레사의 자선냄비 · 19 쿡 선장의 부메랑
20 빅토리아 여왕의 다이아몬드 · 21 방정환의 잡지 · 22 스티브 잡스의 컴퓨터 · 23 넬슨 만델라의 바지
24 나비박사 석주명의 포충망 · 25 신사임당의 쟁반 · 26 김수환 추기경의 탁상시계 · 27 세종 대왕의 목욕 수건
28 백남준의 텔레비전 · 29 장영실의 해시계 · 30 허준의 약탕기 · 31 정약용의 편지

그레이트 피플 시리즈는 계속 출간될 예정입니다.